ATLAS

DU

PRÉCIS HISTORIQUE

DE LA GUERRE

ENTRE LA FRANCE ET L'AUTRICHE,

EN 1809;

PAR LE COMTE ALEXANDRE DELABORDE,

MEMBRE DE L'INSTITUT, etc., etc.

A PARIS,

Chez { ANSELIN et POCHARD, Libraires, rue Dauphine, N° 9.
{ MASSON et Fils, Libraires, rue d'Erfurth, N° 3.

1823.

Frontispice.

Passage du Danube pendant la nuit du 4 au 5 Juillet 1809.

TABLE

DES PLANS, CARTES ET GRAVURES

QUI ACCOMPAGNENT

LE PRÉCIS HISTORIQUE DE LA GUERRE

ENTRE LA FRANCE ET L'AUTRICHE EN 1809.

Situation de l'Armée Autrichienne d'Allemagne et d'Italie au 10 Avril 1809.

Commandant Généralissime, S. A. I. L'Archiduc Charles.

1er Corps d'Armée.	2me Corps d'Armée.	3me Corps d'Armée.	4me Corps d'Armée.	5me Corps d'Armée.	6me Corps d'Armée.
Commandant de Corps, Gén. de Cav. Comte de Bellegarde	Commandant de Corps, Gén. d'Artill. Comte de Kollowrath	Commandant de Corps, Lieut. Génl. Prince de Hohenzollern-H.	Commandant de Corps, Lieut. Génl. Prince de Rosenberg	Commandant de Corps, Lieut. Génl. S. A. I. L'Archiduc Louis	Commandant de Corps, Lieut. Génl. Baron de Hiller

1er Corps de réserve.	2me Corps de réserve.	7me Corps d'Armée.	8me Corps d'Armée.	9me Corps d'Armée.
Commandant de Corps, Général de Cav. Pce. de Lichtenstein	Commandant de Corps, Lieut. Génl. Baron de Kienmayer	Commandant de Corps, Gén. de Cav. S. A. R. L'Archiduc Ferdinand	Commandant de Corps, Lieut. Général Mis. de Chasteler	Commandant de Corps, Lieutenant Général Comte de Giulay, Banus de Croatie

Commandant Général du 8 et 9me Corps, S. A. I. L'Archiduc Jean.

Récapitulation.

Armée Autrichienne	Bataillons	Escadrons	Combattans
1er Corps	27	16	
2e	27	16	
3e	28	16	
4e	29	16	
5e	26	16	
6e	31	24	
Totaux	**168**	**104**	

Armée Autrichienne	Bataillons	Escadrons	Combattans
En nombre	168	104	
7me Corps	23	44	
8e	23	16	
9e	30	28	
Malacov	12	36	
2e	5	34	
Totaux	**263**	**281**	

	Bataillons	Escadrons	Combattans
	263	281	
6e Corps	4	12	
Armée Hongroise	Aile gauche du Danube	5	6
Aile droite du Danube		5	6
Aile gauche de la Theiss		4	12
Réserve de Landwehr	Aile droite de la Theiss		
Totaux	**597**	**584**	

Situation des Armées Françaises et confédérées d'Allemagne et d'Italie, au 1er Juillet 1809.

L'Empereur Napoléon Commandant en personne.

Garde impériale	2e Corps	3e Corps	4e Corps	7e Corps (Troupes Bavaroises)	8e Corps (Troupes Wurtembergeoises)

10e Corps	11e Corps	Réserve de Cavalerie	Armée Polonaise	Réserve dans le Tyrol de l'Allemagne (Corps d'Abensberg)	Armée d'Italie et des Illyriens

Récapitulation.

	Bataillons	Escadrons	Combattans
Garde impériale		13	13.353
2e Corps	40	15	25.550
3e Corps	42	24	33.571
4e Corps	40	8	47.797
Total	174	50	119.506

	Bataillons	Escadrons	Combattans
7e Corps	32	64	101.296
8e Corps	24	20	8.586
10e Corps	42	12	9.777
11e Corps	40	10	43.500
Total	270	146	191.007

	Bataillons	Escadrons	Combattans
Réserve de Cavalerie		50	9.103
Armée Polonaise		30	5.405
Réserve dans le Tyrol de l'Allemagne		20	12.346
Armée d'Italie et des Illyriens		58	50.988
Total	354	152	263.568

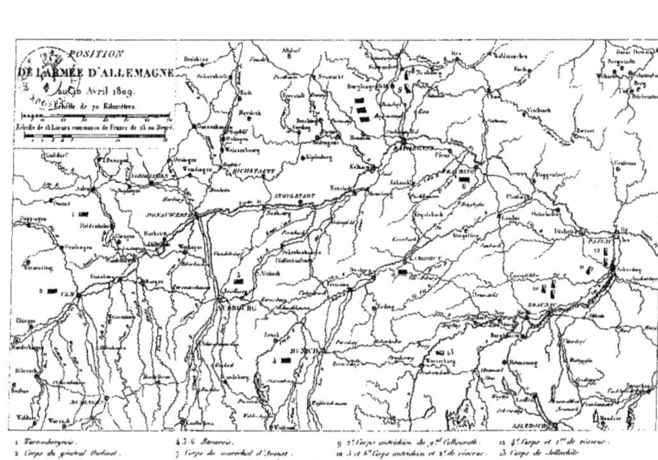

1 Wurtembergeois.
2 Corps du général Oudinot.
3 Corps du Duc de Rivoli.
4.5.6 Bavarois.
7 Corps du maréchal d'Avout.
8 1er Corps autrichien du g.al Bellegarde.
9 2e Corps autrichien du g.al Kollowrath.
10 5 et 6e Corps autrichien et 2e de réserve.
11 3e Corps autrichien.
12 4e Corps et 1er de réserve.
13 Corps de Jellachich.

Troupe Française.
Troupe Italienne.
POSITION
DE L'ARMÉE D'ITALIE
au 10 Avril 1809.
Echelle de cent vingt Kilomètres
Echelle de 50 Lieues communes de France de 25 au degré
GOLFE DE VENISE
MER ADRIATIQUE

BATAILLE DE THANN

Livrée le 19.e Avril 1809.

Par S.A.I. L'ARCHIDUC CHARLES

aux Corps Français et Bavarois

sous les Ordres des Ducs

D'AUERSTAEDT et DANTZICK

A. Troisième Corps autrichien formant la première colonne d'attaque sous les ordres du Prince de Hohenzollern

a. Détachement de ce corps

B. Grenadiers autrichiens du premier corps de réserve en position sur les hauteurs de Grub avec l'Archiduc généralissime.

C. Quatrième corps autrichien sous les ordres du Prince de Rosemberg formant la 2.e colonne d'attaque.

c. Détachement de ce corps.

D. 2.e corps de réserve autrichien formant la 3.e colonne d'attaque sous les ordres du Prince de Lichtenstein.

d. Détachement de ce corps.

E. 2.e corps autrichien sous les ordres du général Comte de Kollowrath en position près de Ratisbonne.

F. 1.er corps autrichien du général Bellegarde en marche sur Ratisbonne

H. 5.e corps autrichien sous les ordres de l'Archiduc Louis.

I. 6.e corps autrichien sous les ordres du général Hiller en marche d'Au sur Mainbourg.

G. Brigade Thierry envoyée de Rohr pour établir la communication avec le corps de l'Archiduc Charles et l'Archiduc Louis attaqué par des colonnes nombreuses en avant de Labens et forcé à se retirer sur Offenstein.

K. Brigade du général Pfanzeller du corps de Hohenzollern restée en observation près de Bachel

L. Brigade Bianchi du 3.e corps envoyée au soutien du général Thierry et arrêtant une colonne Bavaroise qui voulait déboucher de Bibourg.

M. Division du général St. Hillaire prolongeant la marche de flanc du Duc Auerstaedt.

N. Détachement de cette division.

O. Division Friant appuyant la division St. Hillaire.

P. Cavalerie Montbrun couvrant les défilés d'Abbach et prolongeant la gauche de la division Friant.

Q. Marche des divisions Gudin Morand St. Sulpice et de l'armée du Duc Auerstaedt se réunissant sur Labens avec les Bavarois.

R. Bavarois en position derrière Labens et se formant en colonne d'attaque contre la division Thierry.

S. Corps du général Oudinot arrivant à Pfaffenhoffen.

T. Détachement du major autrichien de Scheibler défendant Pfaffenhoffen contre le général Oudinot.

U. Wurtembergeois arrivant à Abensberg de Neustadt sous les ordres du général Vandamme

X. Bagages et munitions des autrichiens restés près de Landshut.

COMBAT D'ABENSBERG

Livré le 20.e Avril 1809

Par **L'EMPEREUR NAPOLÉON**

contre les corps

de **L'ARCHIDUC LOUIS**

et du Général Hiller formant la gauche

de la grande armée Autrichienne.

Autrichiens — Bavarois
Français — Virtembergeois

Echelle de deux Lieues de France 23 à un Degré.

A. Formation des Divisions Générales Morand et Nansouty en colonne d'attaque sous les ordres du Duc de Montebello.

B. Formation des Virtembergeois ayant l'Empereur Napoléon à leur tête.

C. Formation des Divisions Bavaroises du Prince Royal et du Général Deroy, ayant le Duc de Danzick à leur tête.

1. Premier engagement près de Offenstetten entre les détachements du Général Autrichien Thierry, formant la communication entre les deux Corps d'armée de l'Archiduc Charles et de l'Archiduc Louis.

2. Second engagement près de Bachl, contre les Corps des Généraux Thierry et Schustek.

3. Troisième engagement près de Rottenbourg.

D. Corps du Général Thierry.

E. Brigade du Général Bianchi, du 5.e Corps envoyé par l'Archiduc Louis pour appuyer sa droite.

F. Brigade du Prince de Reuss en soutien du Général Bianchi.

H. 5.e Corps sous les ordres de l'Archiduc Louis en observation près de l'Abens et se retirant vers le milieu du jour sur Landshut par Lutmansdorf et Pfeffenhausen.

G. Bavarois Division Wrede observant le corps de l'Archiduc Louis sur l'Abens et le menaçant dans sa retraite.

4. Engagement de ce Corps près de Lutmansdorf.

5. Engagement près de Pfeffenhausen.

L. 6.e Corps sous le commandement du Général Hiller en position le matin mis à vis Mainbourg.

M. Le même Corps (6.e) occupant le camp d'Hornbach pour se réunir au 5.e Corps.

N. Brigade du G.l Vincent détachée du camp d'Hornbach pour défendre la route de Rottenbourg et la communication sur Landshut.

O. Corps du M.al Duc d'Auerstaedt composé des Divisions St Hilaire et Friant et en position sur le Champ de Bataille de la veille.

o. Avant garde et postes détachés de ce Corps en communication avec les avants postes du Duc de Montebello.

P. Cavalerie Montbrun appuyant la gauche du Maréchal Davoust.

Q. Brigade St Sulpice restée en réserve près de Post Saal.

R. Troisième Corps Autrichien du Général Hohenzollern replacé derrière la Laber et appuyé à Laucendorf.

r. Avant garde de ce Corps défendant le passage de la Laber.

rr. Autre détachement de ce Corps.

S. Quatrième Corps Autrichien sous les ordres du Prince de Rosemberg.

s. Avant garde de ce Corps.

ss. Autre détachement de ce Corps.

T. Grenadiers Autrichiens en réserve près de Rohrberg.

X. Deuxième Corps de réserve Autrichien sous les ordres du Prince de Lichtenstein s'emparant de Ratisbonne et faisant prisonnier le 65.e de ligne.

x. Détachement Autrichien sur la route de Straubing à Ratisbonne.

y. Marche de l'avant garde du Maréchal Duc de Montebello.

z. Deuxième Corps Autrichien du Général Comte de Kollowrath près de Ratisbonne.

AFFAIRE DE LANDSHUT
le 21 Avril 1809
entre L'EMPEREUR NAPOLÉON
et les armées Autrichiennes combinées
sous les ordres
de S.A.I. L'ARCHIDUC CHARLES

Autrichiens   Bavarois
Français   Würtembergeois

Echelle de deux lieues de France 25 à un Degré.

RATISBONNE
KEHLHEIM
NEUSTADT
ABENSBERG
LANDSHUT

A Corps du Duc de Montebello sous les ordres de l'Empereur Napoléon continuant le mouvement de la veille sur Landshut, base des communications Autrichiennes.
B Corps détaché Autrichiens de l'Archiduc Louis, renforcé d'une partie du 5e Corps du Général Hiller.
C Corps Bavarois sous les ordres du Duc de Dantzick suivant le mouvement de la veille par la route de Pfaffenhausen.
D Arrière garde du Général Radetski du Corps de l'Archiduc Louis, soutenant l'attaque des Bavarois dans la position de Effingen.
E Réunion de toute l'armée Française vis à vis de Landshut.
F Corps du Général Oudinot arrivant de Pfaffenhofen et se réunissant à l'armée de l'Empereur.
G Corps du Duc d'Auerstaedt composé des Divisions Friant et Saint Hilaire, occupant le Unterwald contre le 4e Corps Autrichien.
H Cavalerie du Corps Bavarois détachée par l'Empereur Napoléon et occupant la plaine à gauche de Schierling.
K Infanterie de ce Corps venant d'occuper Schierling.
L Quatrième Corps Autrichien sous les ordres du Prince de Rosemberg ayant quitté la position de Thieldingen et occupant le haut du Bois de Unter Lembhing.
M Batterie Autrichienne tirant de la plaine sur la Cavalerie Bavaroise.
N Batterie Française dirigée sur la Batterie Autrichienne.
O Troisième Corps Autrichien du Prince de Hohenzollern arrivant de Lauendorf et prenant position au soutien du 4e Corps.
P Tirailleurs Autrichiens restés en réserve près de Habsberg.
Q Cuirassiers Autrichiens en réserve.
R Division Lindenau et 2e Corps de réserve Autrichiens aux ordres du Prince de Lichtenstein venant de Ratisbonne.
S Brigade Vécsey dépendante de ce Corps.
T Cavalerie légère Montbrun observant ces Corps et appuyant l'aile gauche du Duc d'Auerstaedt.

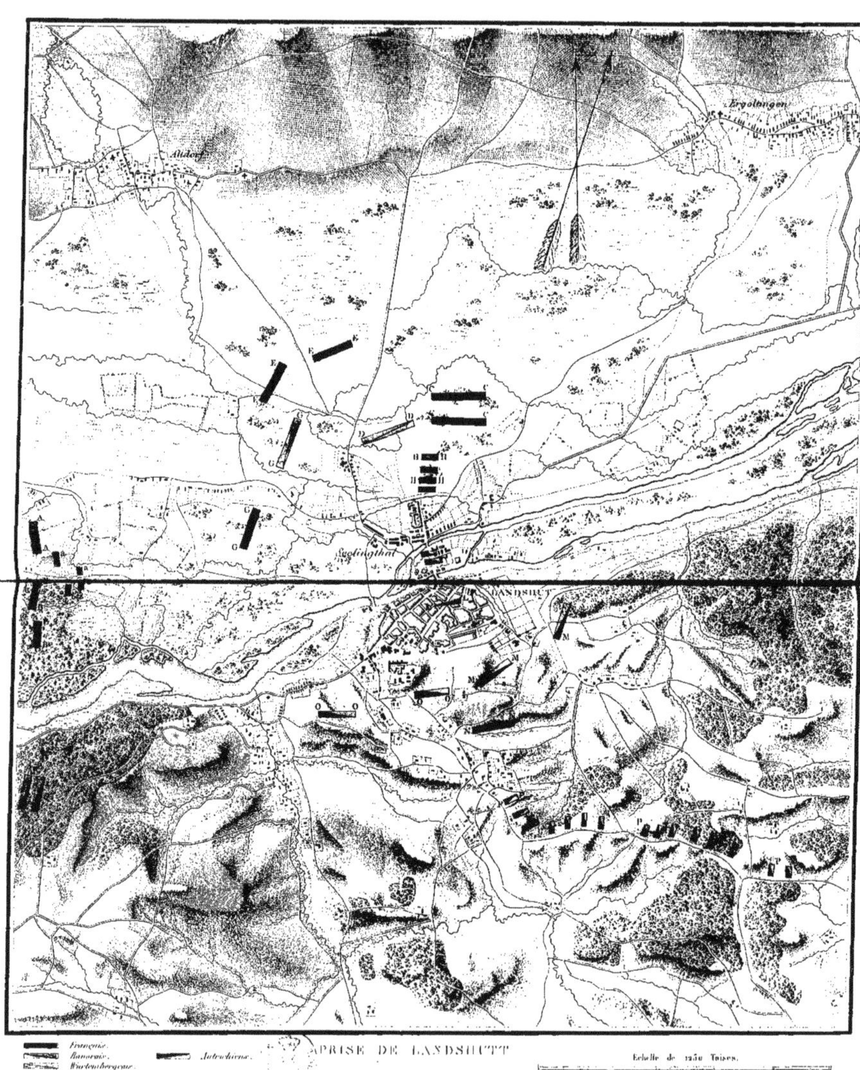

PRISE DE LANDSHUTT

Echelle de 1250 Toises.

Français.
Bavarois.
Wurtembergeois.
Autrichiens.

A Corps du maréchal Oudinot arrivant de Pfeffenhausen.
B Corps du maréchal duc de Rivoli.
C Corps du duc de Montebello.
D Wurtembergeois avec l'Empereur.
E Cavalerie du duc d'Istrie.
G Corps du duc de Dantzig avec les Bavarois.
H Colonne d'attaque du général Mouton.
L Bataillon de grenadiers autrichiens défendant le pont de Landshutt.
M 6.e Corps autrichien.
O 5.e Corps autrichien.
N 2.e Corps de réserve autrichien.
P Corps détaché du général Kienmayer envoyé en arrière pour assurer la retraite.
R Corps du général Nansouty retirant devant le duc de Rivoli.

BATAILLE D'ECKMÜHL
livrée le 22 Avril 1809
Par L'EMPEREUR NAPOLÉON
à S. A. I. I'Archiduc Charles
Généralissime des troupes Autrichiennes
Autrichiens   Bavarois
Français   Wurtembergeois
Échelle de deux Lieues de France 25 à un Degré
KELHEIM
RATISBONNE
STADT
ABENSBERG
EGGMÜHL

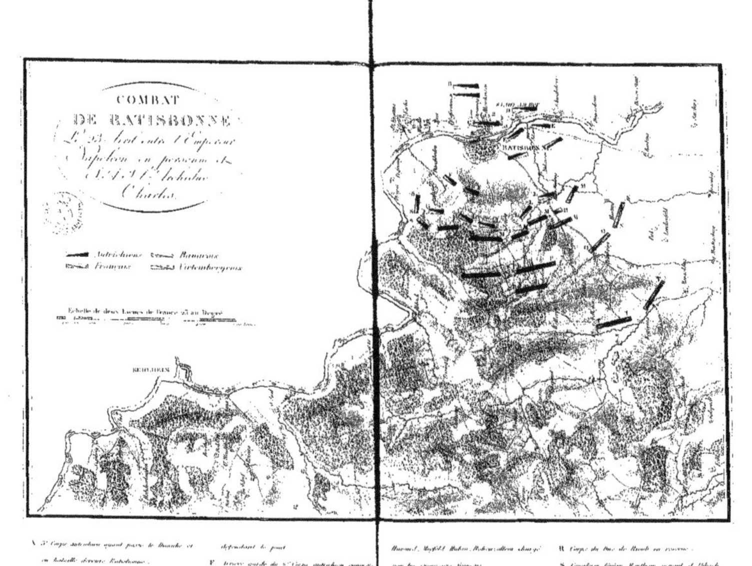

COMBAT
DE RATISBONNE
Le 23 avril entre l'Empereur
Napoléon en personne et
S.A.I.R. l'Archiduc
Charles.
Autrichiens — Bavarois
Français — Wirtembergeois
Échelle de deux Lieues de France 25 au Degré
RATISBONNE
ABBACH

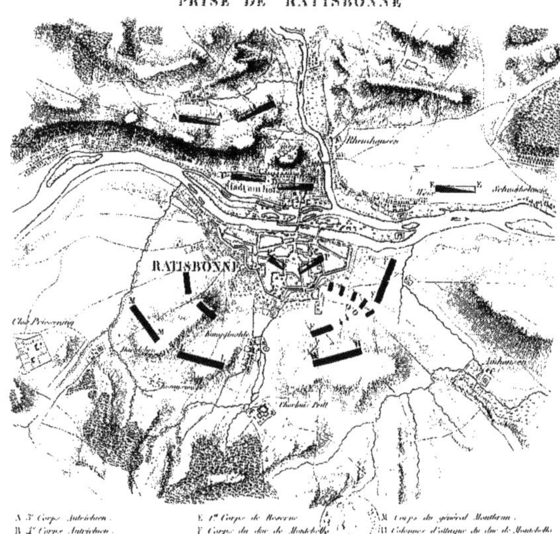

A 3.e Corps Autrichien.
B 4.e Corps Autrichien.
C 2.e Corps Autrichien.
D 2.e Corps de Reserve.

E 1.er Corps de Reserve
F Corps du duc de Montebello
H Corps du duc d'Istrichtelle.
L Corps du duc de Rivoli

M Corps du général Montbrun.
N Colonne d'attaque du duc de Montebello
P Bataillon autrichien du corps resté à
Ratisbonne pour défendre la place

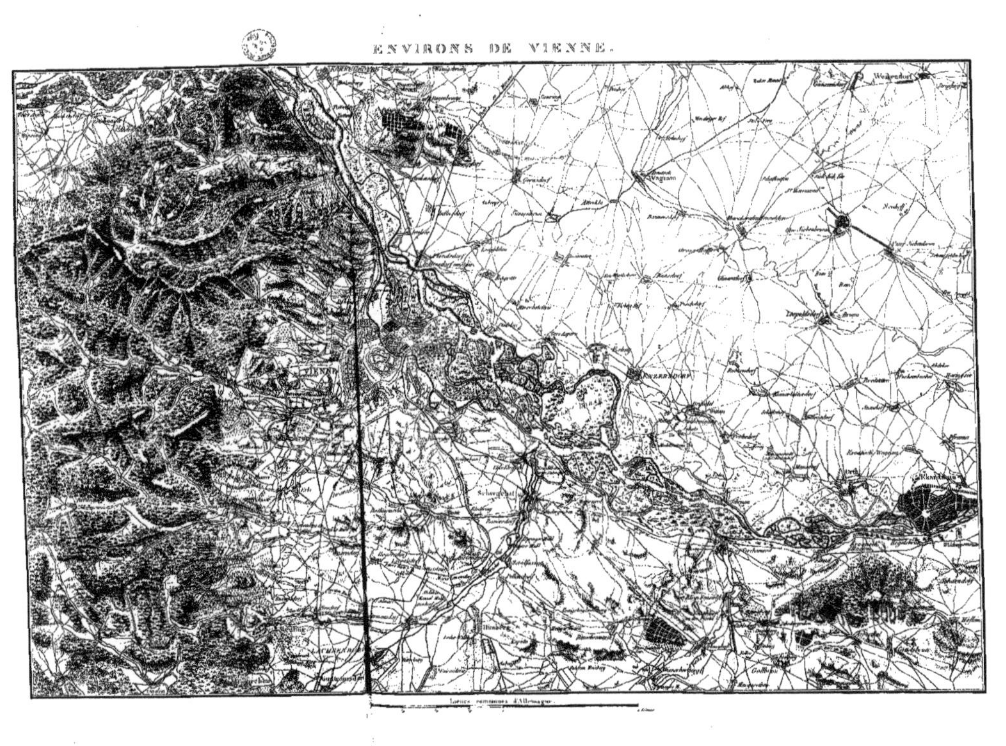
Lieues communes d'Allemagne.

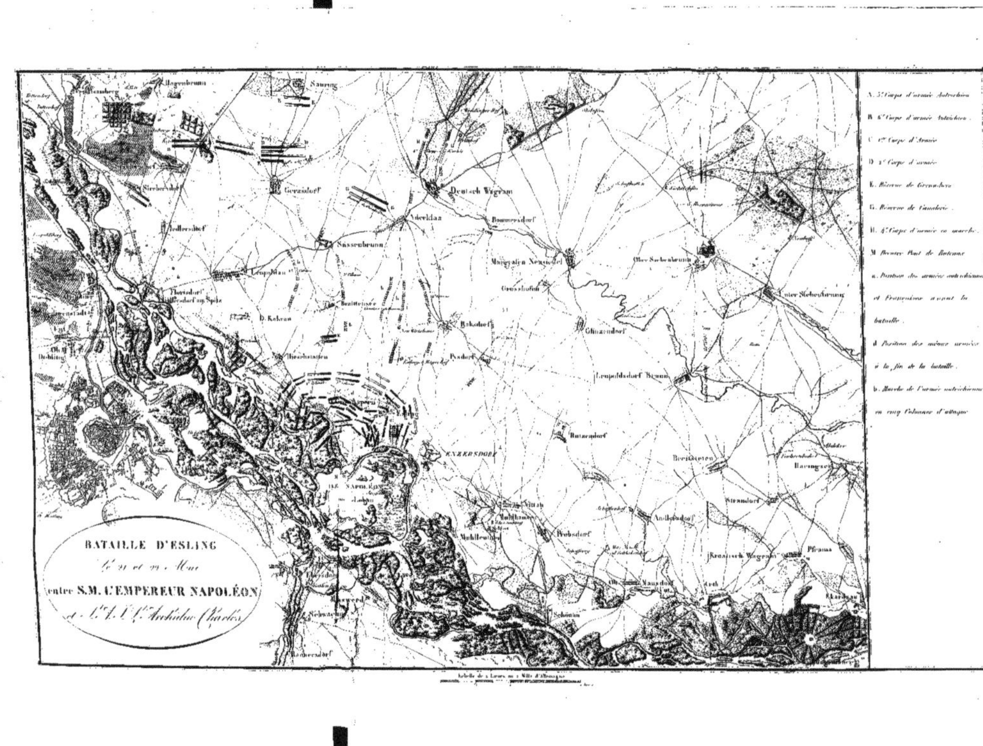
BATAILLE D'ESLING
le 21 et 22 Mai
entre S.M. L'EMPEREUR NAPOLÉON
et S.A.I.R. L'Archiduc Charles
Echelle de 2 Lieues ou 1 Mille d'Allemagne
A. 3.me Corps d'armée Autrichien
B. 6.me Corps d'armée Autrichien
C. 1.er Corps d'armée
D. 2.e Corps d'armée
E. Réserve de Grenadiers
G. Réserve de Cavalerie
H. 4.me Corps d'armée en marche
M. Premier Pont de Bateaux
a. Position des armées autrichienne
et françaises avant la
bataille.
b. Position des mêmes armées
à la fin de la bataille.
c. Marche de l'armée autrichienne
en cinq Colonnes d'attaque
Hagenbrunn
Seuring
Brunn am
Stammersdorf
Gerasdorf
Deutsch Wagram
Hellbrundorf
Aderklaa
Baumersdorf
Nassenbrunn
Leopoldau
Mayer ä Neusiedel
Ober Siebenbrunn
Strebersdorf
Grosshofen
Unter Siebenbrunn
Stadlerdorf
Breitensee
D. Kahran
Gänserndorf
Raschdorf
Hirschstetten
Probsdorf
Leopoldsdorf Brunn
Raasdorf
ESLING
Rutzendorf
Breitstetten
ILE NAPOLÉON
Strasdorf
Lobau
Andlersdorf
Aspern
Mühlleuthen
Strannau
Mühlleuthen
Probsdorf
Schönau
Franzisch Wagram
Pframa
Mausdorf
Arch
Margareth
Selwzuten
Raucersdorf

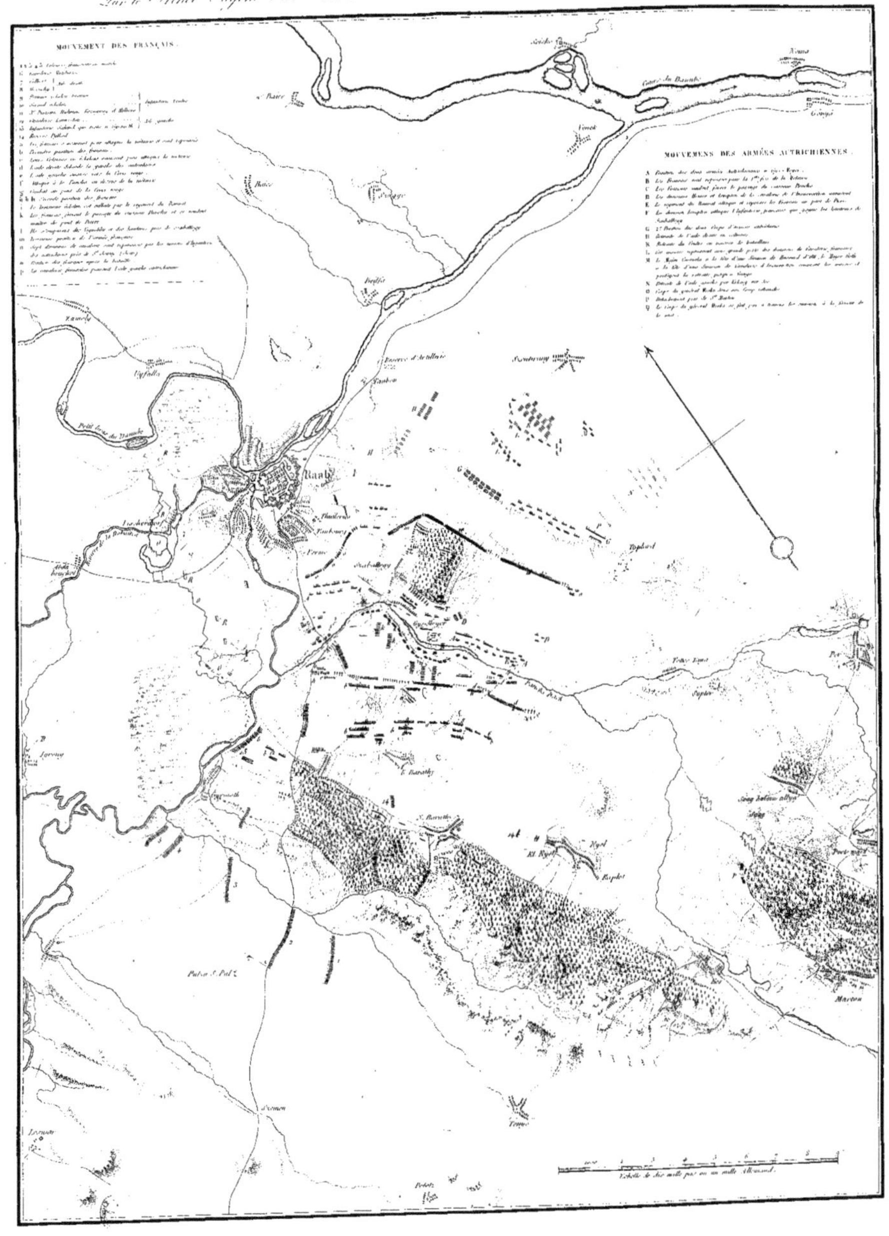

PLAN de la BATAILLE de RAAB gagnée le 14 Juin 1809.
Par le Prince Eugène Vice-Roi d'Italie sur les Armées réunies des Archiducs Jean & Joseph.
MOUVEMENT DES FRANÇAIS.
MOUVEMENS DES ARMÉES AUTRICHIENNES.
Raab
Échelle de six mille pas ou un mille Allemand.

Revue de la Garde Impériale
dans la plaine de Schœnbrunn le .. Juillet 1809

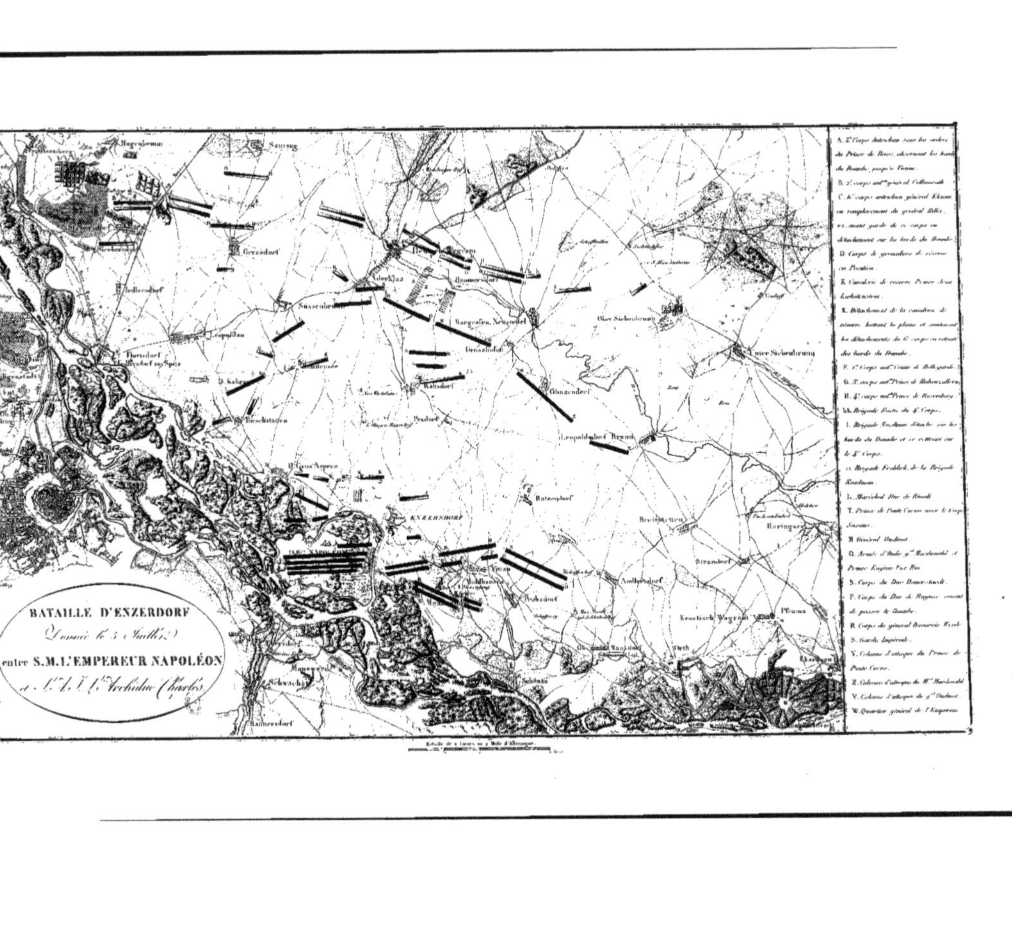

BATAILLE D'ENZERDORF
(Donnée le 5 Juillet)
entre S.M. L'EMPEREUR NAPOLÉON
et S.A.I.R. L'Archiduc Charles

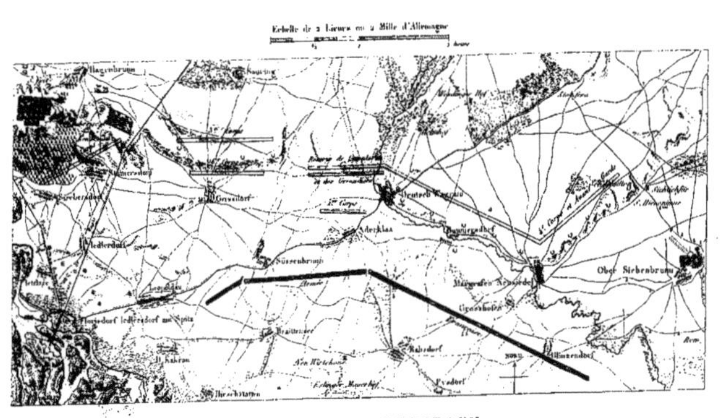

POSITION DU RUSSBACH

Telle qu'on auroit pu la fortifier.

L'Archiduc Charles reprend la position du Neumarckt
le soir de la journée du 3.

L'ivresse de l'Empereur Napoléon

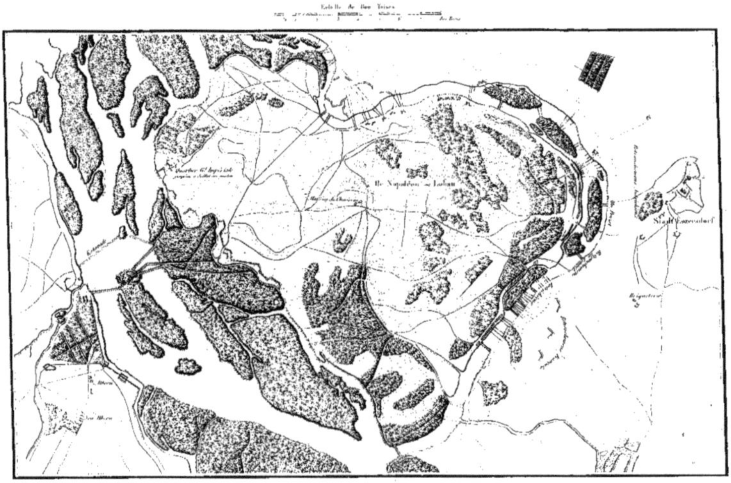

PLAN DE L'ILE LOBAU
Au moment de la Bataille de Wagram.

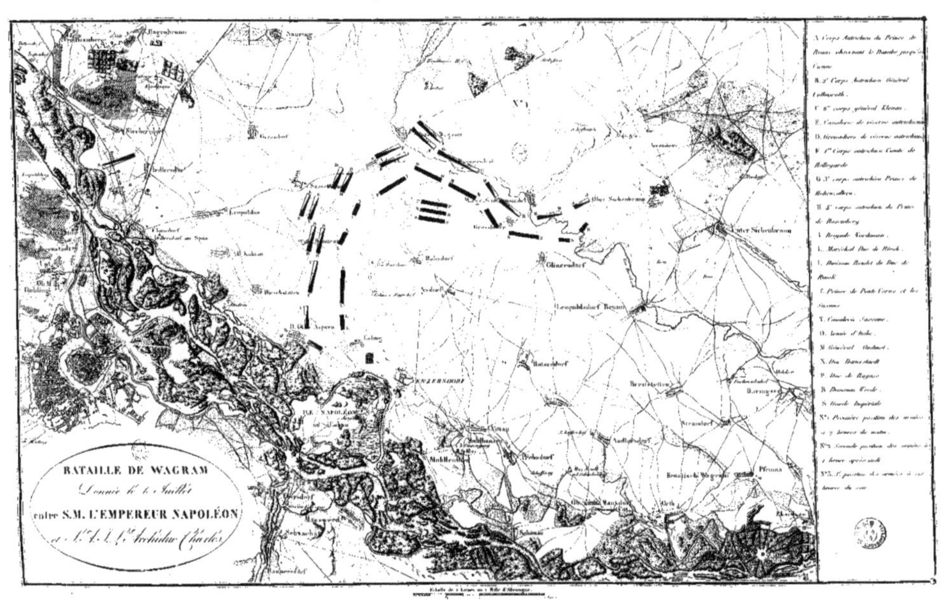

BATAILLE DE WAGRAM
Donnée le 6 Juillet
entre S.M. L'EMPEREUR NAPOLÉON
et L.A.I.R. l'Archiduc Charles
A Corps Autrichien du Prince de Reuss observant le Danube jusqu'à Vienne
B 2e Corps Autrichien Général Colloredo
C 6e corps général Klenau
E Cavalerie de réserve autrichienne
D tirailleurs de réserve autrichiens
F 1er Corps autrichien Comte de Bellegarde
G 3e corps autrichien Prince de Hohenzollern
H 4e corps autrichien de Prince de Rosenberg
I Brigade Nordmann
K Maréchal Duc de Rivoli
L Divisions Bondet du Duc de Rivoli
C Prince de Ponte-Corvo et les Saxons
T Cavalerie Saxonne
O Lannes d'Istrie
M Général Oudinot
N Duc Baraguay
V Duc de Raguse
R Divisions Wrède
S Garde Impériale
N.1 Première position des armées à 7 heures du matin
N.2 Seconde position des armées à 2 heures après midi
N.3 3e position des armées à une heure du soir
Échelle de 2 Lieues ou 1 Mille d'Allemagne

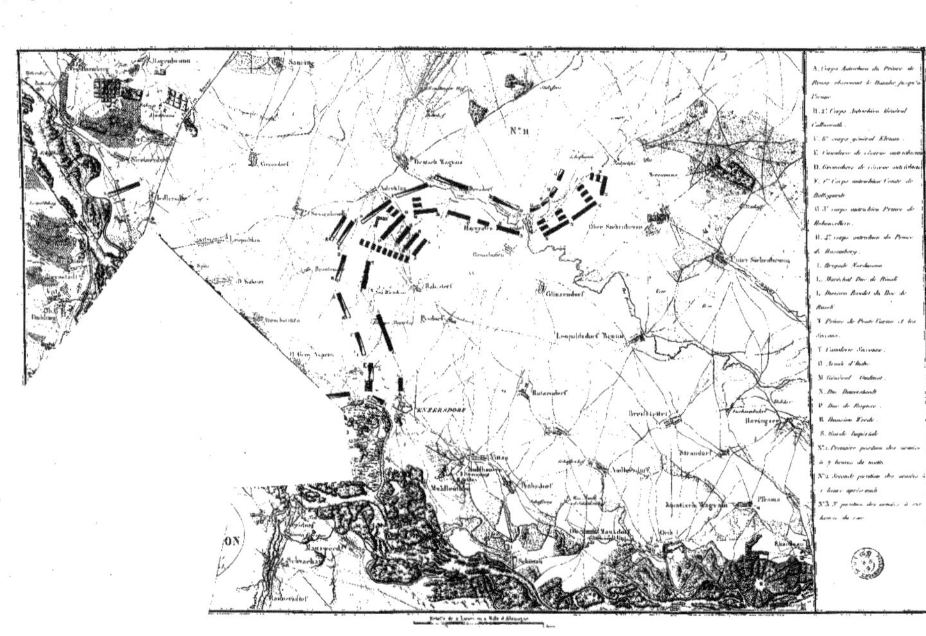

N.°H
ENZERSDORF

A. Corps Autrichien du Prince de Rosas observant le Danube jusqu'à Vienne

B. 2e Corps Autrichien Général Collowrath.

C. 6e corps général Klenau.

E. Cavalerie de réserve autrichienne

D. Grenadiers de réserve autrichien...

F. 1er Corps autrichien Comte de Bellegarde

G. 3e corps autrichien Prince de Hohenzollern.

H. 4e corps autrichien du Prince de Rosenberg

I. Brigade Nordmann

K. Maréchal Duc de Rivoli

L. Division Bondet du Duc de Rivoli.

T. Prince de Ponte Corvo et les Saxons.

T. Cavalerie Saxonne.

U. Armée d'Italie.

M. Général Oudinot.

N. Duc de Montebello.

P. Duc de Reggio.

R. Division Wrede.

S. Garde Impériale.

N°1. Première position des armées à 7 heures du matin.

N°2. Seconde position des armées à ... heures après midi

N°3. 3e position des armées à ... heures du soir

L'Empereur Napoléon

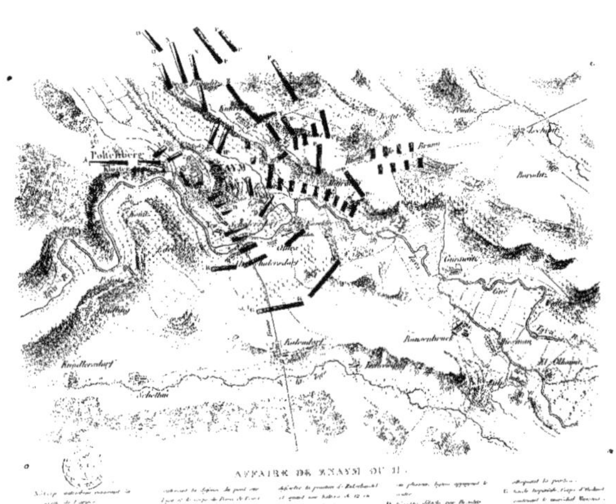
AFFAIRE DE ZNAYM DU 11.

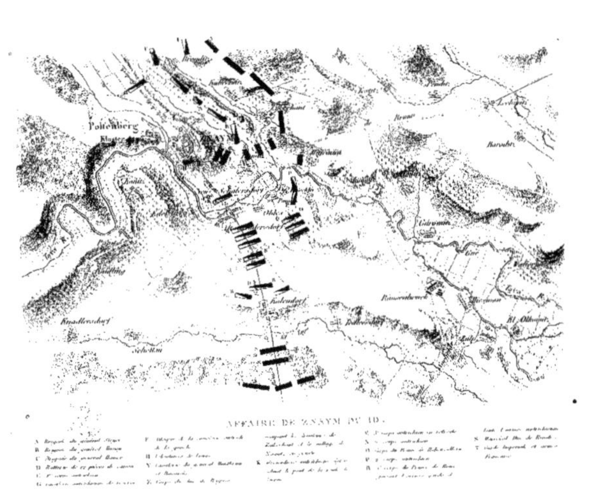

Rottenberg
AFFAIRE DE ZNAYM N° 10.